Die Deutsche Bibliothek – CIP-Einheitsaufnahme

Plass, Adrian:
Ich setze auf die Hoffnung / Adrian Plass. Ill. von Ben Ecclestone.
[Übers. aus dem Engl. von Rendel, Christian]. – Moers : Brendow, 1999
(Edition C : C ; 533)
Einheitssacht.: Words from the cross ‹dt.›
ISBN 3-87067-764-3

ISBN 3-87067-764-3

Originaltitel: Words from the cross. First published in the UK and
Northern Ireland by Solway, an imprint of Paternoster Publishing

Satz: AbSatz, Klein Nordende
Druck und Bindung: Brendow Druck, D-47443 Moers
Printed in Germany

Ich setze auf die Hoffnung

Vor einigen Jahren fuhr ich mit meiner Familie, die Fahrräder auf dem Dach, hinunter an die Küste. Wir setzten mit der Fähre über nach Nordfrankreich und verbrachten herrliche Tage damit, durch Flußtäler von Ort zu Ort zu radeln. Den letzten Tag hatten wir uns dafür reserviert, die Hafenstadt Dieppe zu erforschen, bevor wir am Abend wieder über den Kanal fahren würden.

Gleich nach dem Mittagessen traten wir in das kühle Innere einer Kirche nahe der Stadtmitte. Ich verlor die anderen für eine Weile aus den Augen, doch nach ein paar Minuten entdeckte ich Katy, damals vier, die eine lebensgroße Skulptur von Maria, der Mutter Jesu, betrachtete, wie sie den toten Leib ihres Sohnes in den Armen hielt und mit einem Ausdruck echten Schmerzes und Verlustes in sein Gesicht sah. Katy drehte sich um und sah mich.

»Papa, warum hat Jesus ein Loch an der Seite?«

Stockend erklärte ich ihr, daß ein römischer Speer dafür verantwortlich war. Katy war entsetzt. Sie betrachtete die Skulptur von neuem.

»Papa, er hat Löcher in den Füßen. Warum hat er denn Löcher in den Füßen?«

»Sieh mal«, sagte ich und deutete auf ein kleines Kruzifix an der Wand über uns. »Sie haben seine Füße an dieses Stück Holz genagelt, ein Kreuz, und die Löcher stammen von den Nägeln.«

Sie drehte sich wieder zu den steinernen Figuren um. Ihre Stimme brach ein wenig, als sie weitersprach.

»Papa, er hat auch Löcher in den Händen. Sie haben ihm doch nicht auch noch Nägel durch seine Hände geschlagen, oder?«
Traurig erklärte ich es ihr. Katy ging näher an die Skulptur heran, schlang ihre Arme um Jesus und legte ihr Gesicht auf sein Knie.
Plötzlich sehnte ich mich zurück nach der Zeit, als ich zum ersten Mal begriff, daß Jesus für mich gestorben war und daß es wirklich weh getan hatte, bevor ich meinen Glauben mit lauter Worten und Sorgen bedeckte. Ich wollte wieder wie ein Kind sein.
Aber ich fühlte mich wie ein Kohlkopf.
Vielleicht geht es Ihnen ja angesichts des Leidens Jesu manchmal ähnlich. Die Texte, Bilder und Gedichte in diesem Buch sehen die Ereignisse am Kreuz aus einem sehr persönlichen Blickwinkel. Sie sollen die Grundlage zu Andacht, Meditation und Gebet sein.

Über die Gedichte

Ich war schon immer ein bißchen verrückt nach Dingen, die im Satz geliefert werden. Man muß mich aus Geschäften herauszerren, in denen es Schraubenschlüssel-Sätze in schönen Kästen gibt, obwohl ich solche Werkzeuge noch nie benutzt habe, nicht leiden kann und vermutlich nie wieder ansehen werde. Es ist der Satz, der mir so gefällt, wissen Sie. Davon werde ich ganz kribbelig. Bei den *Worten am Kreuz* ist mir etwas ganz Ungewöhnliches passiert. Ich konnte die Dinge, die Jesus am Kreuz sagte, genießen und mich hineindenken und daran laben, sowohl, weil sie einen Satz bilden, *als auch,* weil sie mir alles bedeuten. Viele der Gedichte in diesem Buch verdanken ihr kärgliches Dasein den tastenden, forschenden Zeichnungen von Ben Ecclestone, die ich sehr inspirierend fand. Aber diese Texte sind Jesus gewidmet, dem Sohn Gottes, der in dieser rauhen Welt wohnte und immer noch wohnt, in der begrenzte Menschen wie Ben und ich uns durch die ebenso rauhe Wirklichkeit des alltäglichen Lebens wursteln.

Über die Bilder

Die Bilder in diesem Buch sind Ben Ecclestones erster ernsthafter Versuch, direkt von einem biblischen Thema ausgehend zu arbeiten. Dabei machte er die Erfahrung, wie schwierig es ist, für ein altehrwürdiges künstlerisches Thema Bilder zu finden, die etwas anderes oder gar Neues aussagen. Es schien ihm fast unmöglich. Mir scheint – es ist ihm gelungen.

Ben hat für jedes »Wort« ein Bild geschaffen, das wie eine Ikone wirkt. Eine Ikone ist im eigentlichen Sinne ein Bild, das nicht Selbstzweck ist, sondern ein offenes Fenster, das es einem, wenn man möchte, erlaubt, vom Betrachten eines Bildes durchzudringen zum Erleben eines Ereignisses. Wenn Sie sich für die Bilder die Zeit nehmen, genau hinzuschauen, werden Sie viele Schichten biblischer Bezüge und visueller Assoziationen finden. Nichts davon ist offensichtlich, und das ist auch beabsichtigt. Die Bilder sind keine Zeichen, die sagen »Geh hier entlang« oder »Denke so«, sie sind Symbole, die für verschiedene Menschen zu verschiedenen Zeiten Unterschiedliches bedeuten können.

Wie in den Gedichten soll eine Wechselbeziehung zwischen Jesus und dem Leser entstehen, die nicht immer leicht auszulösen, aber dennoch vorhanden ist.

Nach meinem Erlebnis mit Katy vor der lebensgroßen Skulptur in der Kirche von Dieppe schrieb ich nachstehendes Gedicht:

Neu für mich,
an Jahren alt,
lernte er
Tränen bald.
Treue Liebe,
sieh mich an,
nimm mich, Liebe,
in deinen Arm.
Vollkommen los,
ein Neubeginn,
vergib meinem Herzen,
nimm es hin.
Friede nun
wartet mein,
ruh in Hoffnung,
frei zu sein.
Adrian Plass

I

Vater, vergib ihnen;
denn sie wissen nicht,
was sie tun!

Lukas 23, 34

Vater, vergib ihnen

Manche meinten, diese Reise
sei vergeb'ne Müh' und Zeit,
besser sei's, für ihr Verbrechen
zu büßen in der Dunkelheit.

Dennoch schleppten sie sich weiter,
vorwärts, aufwärts durch die Nacht,
um nur einmal zu erblicken
ein Himmelslicht im Höllenschacht.

An den Toren standen Engel,
jeder Blick der Drohung voll,
bis die Reihen jäh sich teilten
und ein froher Ruf erscholl.

»Laßt sie durch, die müden Wand'rer,
deren Schuld mein Blut begleicht.
Ich bin der, der seinen Mördern
seine Hand zur Freundschaft reicht.«

Mein Freund

Manche Leute denken, daß Jesus, als er diese Worte aussprach, Gott darum bat, uns allen unsere gemeinschaftliche Sünde zu vergeben, ihn an jenes Kreuz zu nageln, wie wir es damals taten und seither immer und immer wieder getan haben. Nun, das hört sich natürlich einleuchtend an, aber es ist falsch. Gott hat mir gestern abend gesagt, daß es falsch ist. Das heißt, das hat er eigentlich nicht, aber ich wünschte, er hätte, denn das würde bestätigen, was ich darüber denke.

Wissen Sie, ich glaube, daß Jesus ein ziemlich spontaner Charakter war, und wenn man gerade Nägel durch die Hände geschlagen bekommt und ein spontaner Charakter ist, neigt man vielleicht nicht unbedingt dazu, sorgfältig formulierte Gebete über die gemeinschaftliche Sünde der Menschheit von sich zu geben. Das Interessante daran ist, daß diese Reaktion, wenn wir sie örtlich begrenzt verstehen, im Grunde eine noch viel stärkere Bedeutung für uns alle hat.

Es klingt fast so, als hätte Jesus eine plötzliche, ehrfurchtgebietende Erkenntnis der rächenden Wut gehabt, die sein Vater gegenüber den Männern empfand, die mit jenen mörderischen Hämmern die Hände und Füße seines geliebten Sohnes bearbeiteten. Eilig sendet er ein vorbeugendes Gebet zum Himmel, um sicherzustellen, daß sie nicht der Blitz trifft, bevor sie die Chance hatten, durch eben jenes Ereignis, auf das sie Jesus gerade vorbereiteten, gerettet zu werden.

Jene Männer müssen sich den Toren des Himmels mit einem gewissen

Zittern genähert haben, um das Mindeste zu sagen. Vielleicht erkannte der diensthabende Engel sie wieder und runzelte die Stirn, während die Szene, in der sie eine so brutale Rolle gespielt hatten, sich vor seinem geistigen Auge abspielte. Vielleicht pfiff er ein paar Kumpels heran, und sie bauten sich alle mit verschränkten Armen zu einer soliden, anklagenden Mauer auf, um stillschweigend die Botschaft zu vermitteln, daß diese Mörder des Sohnes Gottes sich geschnitten hatten, wenn sie dachten, sie könnten hier herein. Und vielleicht brach, gerade als jene Männer sich schuldbewußt abwandten, Jesus selbst durch die Reihe der Engel und rief: »Was macht ihr denn da? Das hier sind meine Freunde – laßt sie herein. Ich habe mich so darauf gefreut, sie zu sehen ...«

Ich bin sicher, das ist eine üble Denunziation gegen die Engel, aber dafür können sie mich später an den Hammelbeinen kriegen. Der Punkt ist, daß ich mich auch eines Tages den Himmelstoren nähern muß, und ich glaube kaum, daß ich dabei mit einer Versicherungspolice mit der Überschrift »Der Plan der Erlösung« wedeln werde. Ich denke – ich weiß –, ich werde meinen Hals recken, um einen Blick auf Jesus zu erhaschen, meinen Freund, der mir versprochen hat, diejenigen Sünden zu vergeben, die auf *mir* lasten, und der ohne Zweifel sein Versprechen halten wird.

Gottes grenzenlose Liebe

Kann man wirklich noch mehr erwarten? Wenn Gott für uns ist, wer kann dann gegen uns sein? Gott, der für uns seinen eigenen Sohn geopfert hat, sollte er uns noch etwas vorenthalten? Wer könnte es wagen, die von Gott Auserwählten anzuklagen? Niemand, denn Gott selbst hat sie von aller Schuld freigesprochen. Wer wollte es wagen, sie zu verurteilen? Keiner, denn Christus ist für sie gestorben, ja noch mehr: Er ist vom Tode auferweckt worden und tritt jetzt vor Gott für uns ein.

Paulus an die Christen in Rom

II

Ich versichere dir:
Noch heute wirst du
mit mir im Paradies sein.

Lukas 23, 43

Noch heute wirst du mit mir im Paradies sein

Ich bat dich, meiner zu gedenken,
doch hatte Angst, du könntest sagen:
»Kommt ganz drauf an, wie's um dein Beten steht.
Es kann nun einmal keiner in den Himmel kommen,
der nicht genügend Stille Zeit sich nimmt.

Und hast du heute auch bestimmt
nichts Unreines gedacht in deinem sünd'gen Geist?
Gewiß hast wacker du gekämpft – und auch gesiegt.

Wie ist es mit dem Lobpreis – kommt er ganz von Herzen?
Hebst voller Inbrunst du die Hände hoch
und läßt dein ›Halleluja!‹ froh erschallen,
um deinem Pastor zu gefallen?

Hältst du Prädestination
für die vorletzte Bahnstation?
Etwas mehr Theologie muß schon sein,
sonst kommst du nie dorthin,
wohin ich gehen muß.«

Du hättest all das sagen können, Herr,
vor Angst davor war ich der Ohnmacht nah;
doch als ich sagte: »Bitte denk an mich!«,
da sahst du mich nur an und sagtest leise: »Ja.«

Es wird zuviel gestorben

Eigenartigerweise nimmt, während ich mir in manchen Bereichen meines Glaubens immer weniger sicher bin, meine Gewißheit in anderen immer mehr zu. Nehmen wir zum Beispiel die Frage der Führung. Als ich mich in den sechziger Jahren bekehrte, herrschte allgemein die Auffassung, es wäre unklug, ohne eine konkrete Führung Gottes auch nur zu blinzeln. Eine Straße zu überqueren hieß nicht einfach, daß man losging, wenn das grüne Männchen erschien. Schließlich, so räsonierten wir fromm, mochte die Welt vielleicht sagen, es sei sicher, bei Grün hinüberzugehen, aber wir seien ja nicht von dieser Welt. Vielleicht möchte der Herr, daß wir bei Rot hinübergehen, um zu sehen, ob wir ihm wirklich vertrauen. Eine Übertreibung, ja – aber nur eine ganz kleine! Heutzutage halte ich es lieber mit dem Apostel Paulus, der ständig betete, im Zusammenhang dieser Gebete vernünftige Entscheidungen traf und stets offen für die Möglichkeit war, daß der Heilige Geist sich eines beliebigen Mittels bediente, um die gemachten Pläne zu ändern.

Dann ist da die Frage der Rettung. Ich wußte früher ganz genau, wer gerettet war und wer nicht. Es war ganz einfach. Man verglich einfach den Anspruch einer Person, gerettet zu sein, mit einer Checkliste geistlicher Anforderungen. Ghandi zum Beispiel war ganz bestimmt draußen. Ich dagegen war auf jeden Fall drinnen. Heute stelle ich mir die Szene am Eingang zum Himmel folgendermaßen vor: Ghandi und ich gehen zusammen auf das Tor zu, und ich deute in meinem jugend-

lichen Eifer auf meinen Begleiter und rufe Gott mit schriller Stimme zu: »Äh, du bist dir doch sicher bewußt, daß er keine persönliche Entscheidung für dich getroffen hat, nicht wahr, Gott? Während ich – nun ja, äh, ich habe mich entschieden.«
Gott nickt nachdenklich und sagt dann: »Da hast du vollkommen recht. Du hast die Entscheidung getroffen, aber er –« Er deutet auf die zierliche Gestalt im Lendentuch. »Er hat sie ausgeführt.«
Während sich in diesen Bereichen der Nebel verdichtete, werde ich mir immer sicherer, daß der Glaube an Jesus der einzige Weg ist, auf dem Männer und Frauen mit Gott versöhnt werden können. Ist es nicht seltsam, wie diese fundamentale Gewißheit immer stärker wird, während gleichzeitig ein gesegnetes Widerstreben in mir wächst, mich darüber zu äußern, wie er mit anderen umgeht?
Wohlgemerkt, bei dieser Gewißheit ist mir etwas unbehaglich. Es wird zuviel gestorben – finden Sie nicht?

Versöhnt mit Gott und miteinander

Christus ist für alle Menschen am Kreuz gestorben, damit wir alle Frieden mit Gott haben. In seinem neuen Leib, der Gemeinde Christi, können wir nun als Versöhnte miteinander leben.

Paulus an die Christen in Ephesus

III

Er soll jetzt dein Sohn sein!

Johannes 19, 26

Er soll jetzt dein Sohn sein

Heute

will ich keine Rebe am Weinstock sein
kein Glied am Leibe
kein Schaf in der Herde des Guten Hirten
keine Braut Christi
keine Jüngerin
keine Magd
keine Erbin des Reiches Gottes
keine Bürgerin des Himmels
nicht besucht von Engeln
nicht machtvoll gesegnet
nicht tief betrübt
nicht eines anderen Mutter.

Ich will nur meinen Sohn von diesem hölzernen Ding
herunterholen.

Und ihn nach Hause bringen
und ihn gesund pflegen
und ihm zu essen geben
und ihn lachen hören
und ihn überzeugen, nicht mehr der Messias zu sein
und wieder Zimmermann zu werden.

Verloren in der Menge?

Vielleicht kennen Sie ja die Szene aus dem Lukasevangelium (Kapitel 8), wo Maria und ihre übrigen Söhne Jesus sehen und sprechen möchten. Und Jesus erwidert darauf lediglich: »Meine Mutter und meine Brüder sind die, die das Wort Gottes hören und danach handeln.«

Diese Geschichte hat mich früher immer sehr aufgeregt. Wieso sagt dieser Jesus den Leuten, er hätte keine Mutter, nach allem, was sie mit ihm durchgemacht hatte! Ich war richtig empört um ihretwillen. Wenn er irgendeine großartige religiöse Aussage machen wollte, war das noch lange kein Grund, seine Mutter buchstäblich zu verleugnen, oder?

Die Zeit hat diese grob ehrfurchtslose Sicht der Dinge korrigiert. Ich begann zu spüren, daß Maria diesen Ausspruch ihres Sohnes vermutlich still und weise in ihrer Erinnerung bewahrt hat, zusammen mit all den anderen Puzzleteilen, die sie im Lauf der Jahre gesammelt hatte. Dann stieß ich auf die Passage aus dem Johannesevangelium, und als ich von dieser zärtlichen, letzten Fürsorge für die Zukunft seiner Mutter las, wurde mir noch etwas anderes über Jesus klar. Vielleicht konnte jeder seine Mutter sein, aber dies war die erste, die er je gehabt hatte, und er liebte sie. Er war ein wahrer Mensch, und er liebte sie. Er sagte zu ihr nicht: »Meine Gnade soll dir genügen – viel Glück, wir sehen uns im Himmel.« Sondern er gab ihr einen Menschen aus Fleisch und Blut, der sich um sie kümmern und an seiner Stelle ihr Sohn sein sollte.

Zum ersten Mal in meinem Leben hatte ich den Eindruck, daß meine Individualität – mein Selbstgefühl – in den Händen Gottes sicher ist. Wir sind nicht nur Einheiten im Erlösungspaket, sondern warme, komplexe, bedürftige menschliche Wesen, die von ihm erkannt, geliebt und umsorgt sind, jeder auf seine eigene, besondere Weise. Auch wenn wir es an manchen Tagen nicht so recht spüren.

Die erste Christengemeinde

Die Gläubigen lebten wie in einer großen Familie. Was sie besaßen, gehörte ihnen gemeinsam. Wer ein Grundstück oder einen anderen Besitz hatte, verkaufte ihn und half mit dem Geld denen, die in Not waren. Täglich kamen sie im Tempel zusammen und feierten in den Häusern das Abendmahl ... Die Gemeinde wurde mit jedem Tag größer, weil Gott viele Menschen rettete.

Aus der Apostelgeschichte

IV

Mein Gott,
mein Gott,
warum hast du mich verlassen?

Markus 15, 34

Mein Gott, warum hast du mich verlassen?

Heute an diesem Tag, fühle ich mich wie ein Versager.
Was für Fragen darf ich mir stellen, Vater?
Darf ich mich fragen, warum du alles so schwierig machst?
Kaum spreche ich diese Worte aus, stellen sich schon die Schuldgefühle ein.
Vielleicht ist es in Wirklichkeit gar nicht schwierig.
Wahrscheinlich bin nur ich schwierig.
Wahrscheinlich sind mein Hintergrund, mein Temperament und meine Lebensumstände dafür verantwortlich, daß es für mich einfach immer schwierig sein *mußte.*

Aber wenn das nun nur eine Ausflucht ist?
Wenn ich mir nun etwas vormache?
Wenn ich nun tief in meinem Innern weiß, daß es mein eigenes freiwilliges Tun und Lassen war, das es mir immer so schwer *gemacht* hat?
Wenn ich nun einer von denen bin, die zwar berufen sind, aber nicht erwählt?

In dem Falle wäre es nicht schwierig – es wäre unmöglich.
Und wenn du nun überhaupt nicht existierst und der Tod nur ein plötzliches Stolpern in die Stille ist?

(Übrigens, könntest du es mich wissen lassen, falls du nicht existierst – noch vor Freitagabend, wenn es dir nichts ausmacht?)

Es gibt Momente, Vater, da ist alles so leicht, so leicht, daß ich gar nicht mehr weiß, wie es mir je schwierig erscheinen konnte.
Diese Momente gehen vorbei – sie sind kostbar –, aber sie gehen vorbei.
Hast du bemerkt, wie ich mich immer von dir abzuwenden versuche, wenn jene Momente verflogen sind, es aber einfach nicht schaffe?

Ich glaube, ich werde dir nachfolgen, selbst wenn du nicht existierst.
Selbst wenn ich nicht erwählt bin.
Selbst wenn es immer wieder schwierig ist …

Hörst du noch zu?

Tut mir leid, daß ich so herumjammere.
Es ist nur, daß ich mich heute, an diesem Tag,
wie ein Versager fühle.
Meine Füße und Hände tun weh,
und da ist dieser Schmerz in meiner Seite.

Der Schuttabladeplatz

Unsere Garage befand sich in einem schlimmen Zustand. Möglicherweise gab es Gartengeräte darin, aber sie lagen begraben unter einer im Lauf von fünf Jahren angewachsenen Müllhalde von Dingen-die-man-in-die-Garage-stellt-weil-einem-nicht-einfällt-wo-man-sie-sonst-hintun-könnte. Eines war klar: Ein Abfallcontainer muß her!

Er wurde nach dem Mittagessen angeliefert und mir wurde eigentümlich weh ums Herz. Einige Dinge, die ich da in den Container warf, waren erschreckend handfeste Andenken an schiefgelaufene Pläne, unvollendete Projekte und sogar gebrochene Versprechen.

Im Lauf des Nachmittags flatterten dann die Containergeier herbei und als ich dann am nächsten Morgen einen Blick auf den Abfallcontainer warf, mußte ich feststellen, daß ein oder mehrere unbekannte Täter im Schutz der Dunkelheit gewaltige Mengen Müll in meinen Container entsorgt hatten.

Ich sprang vor Wut wie Rumpelstilzchen auf dem Gehsteig vor meinem Haus herum.

»Wer gibt ihnen das Recht, ihren verflixten Dreckskram in meinem Container abzuladen? Wie kommen sie dazu? Ich bin es schließlich, der die Rechnung bezahlt! Vierzig Pfund!«

»Na, wenn schon! Was ist das schon!« sagt die etwas beruhigende Stimme am Ende der Leitung, die sich gelegentlich in meinem Inneren zu Wort meldet. Und vor meinem geistigen Auge erschien ein Hügel.

Und auf diesem Hügel stand ein Kreuz, an dem ein Mann in Todesqualen angenagelt hing.
»Kommt her!« rief er mit lauter Stimme, »bringt all euren Unflat hierher, alle eure Fehler, euer Versagen, eure gebrochenen Versprechen, all eure Verletzungen. Werft all eure Abfälle auf mich – ich werde sie für euch wegschaffen. Ich habe den Preis bezahlt.«
Der Bericht des Evangelisten Markus von dem Aufschrei Jesu gibt uns die Erlaubnis, schonungslos und wahrheitsgemäß zu beten. Manchmal kann ein Gefühl der Verzweiflung so tief sein, daß unsere Gebete voller Zweifel und Fragen sind. Gerade dann, wenn wir am ängstlichsten und verlorensten sind, sollten wir mit Gott reden. So hat es Jesus uns am Kreuz vorgemacht.

V

Ich habe Durst!

Johannes 19, 28

Ich habe Durst

Heute hab' ich geweint vor lauter Mühe.
In Eile, um die Kinder pünktlich abzuholen,
verschüttete ich meine Träume in der Küche
und hatte keine Zeit, sie aufzuwischen.
Sie werden trocknen, keine Frage,
und Füße werden achtlos ihre Spuren darin hinterlassen.
Zurückgekehrt, hatte ich kaum die Haustür hinter mir geschlossen,
da fiel mir ein, ich mußte noch mal in die Stadt.

Sie hatten nichts zu trinken.

Und mir war klar, wenn ich vergaß,
für Cola, Limo, Wasser, Saft zu sorgen,
so würde ich von ihnen mit dem rauhen Draht gebürstet.

Ach Herr –
wenn and're trinken aus dem vollen Glas,
so denk an mich.

Mich dürstet.

Lebensdurst wird gestillt

Kennen Sie die Geschichte von Jesus und der Frau am Jakobsbrunnen im vierten Kapitel des Johannesevangeliums? Dort begegnet er einer Frau, die für ihre Umgebung eine Zumutung war. Sie war nicht verheiratet, hatte aber bereits fünf Männer, und der, mit dem sie zusammenlebte, war auch nicht ihr Mann.

Manchmal erscheinen Zügellosigkeit und Sünde viel reizvoller als der Pfad der Tugend, besonders dann, wenn es der Pfad einer trockenen, blutleeren Pflicht ist.

Als eine Streßerkrankung mich zwang, meine Arbeit aufzugeben, und meine ganze Welt zusammenbrach, schrieb ich folgende Worte:

Wer macht die giftigen Pfuhle
im Wüstenland
so süß und kühl
Willkommene Lügen
sterbend sich zu betrügen mit Wasser auf den Lippen
Die Helden suchen ohne Gift zu sterben in der Glut
Ich tauge nicht, was mich betrifft, zum Helden, der das tut.

Jesus bietet der Frau sauberes, gesundes, frisches Wasser anstelle sowohl des vergifteten Wassers negativer Verhaltensweisen als auch der Trockenheit liebloser Tugend.

»Aber Herr«, meinte die Frau, »du hast doch gar nichts, womit du Wasser schöpfen kannst, und der Brunnen ist tief! Wo willst du denn das Wasser für mich hernehmen?« ...

»Jeder, der dieses Wasser trinkt«, erwiderte Jesus darauf, »wird bald wieder durstig sein. Wer aber von dem Wasser trinkt, das ich ihm gebe, der wird nie wieder Durst bekommen. Dieses Wasser wird in ihm zu einer Quelle, die bis ins ewige Leben hinein fließt.«

»Dann gib mir dieses Wasser!« sagte die Frau.

Wenn unser Leben anders werden soll,
zahlt auch der Letzte
einen hohen Zoll.
Doch wirst du jemals müde,
bist du jemals verzagt,
bist du je ganz unten,
ist er dir ganz nah.

Das Brot des Lebens

Jesus sagte: »Mose gab euch nicht das Brot, von dem ich gesprochen habe. Das wahre Brot vom Himmel gibt euch jetzt mein Vater. Und nur dieses Brot schenkt der Welt das Leben.«

»Herr, gib uns jeden Tag dieses Brot!« baten ihn alle.

»Ich bin das Brot des Lebens«, sagte Jesus zu ihnen. »Keiner, der zu mir kommt, wird jemals wieder Hunger leiden, niemand, der an mich glaubt, wird jemals wieder Durst haben.«

Das Evangelium des Johannes

VI

Vater, in deine Hände
gebe ich meinen Geist!

Lukas 23, 46

Vater, in deine Hände gebe ich meinen Geist

Wie ist es möglich nur, so vieles gleichzeitig zu sein?
Erfolg und Scheitern sind in meinem Leben
wie Kinder auf zwei Schaukeln, von denen mal das eine,
mal das and're hoch empor mich trägt.
Einst träumte ich davon, so hoch zu schaukeln
daß ich die Spitzen hoher Türme sah,
doch nun hab ich vom Schaukeln längst genug,
möchte die Schaukel abmontieren,
mich auf den Rasen setzen und die Blumen um mich her studieren.
Am liebsten würd' ich friedlich leben an einem sonnigen Ort,
hier und da ein freundliches Wort,
ein sanftes Lächeln zwischen uns,
ein Blick, der sagt: Du kennst mich und verstehst.
Ob etwas in der Art nicht einzurichten ist?
Vater, gib mir Weisheit und die Kraft,
in deine Hände meinen Geist zu legen,
sonst muß ich schaukeln, bis die Kette bricht.
Kein Scheitern mehr und kein Erfolg, das Schaukeln ist vorbei,
und ich am Boden, zerbrochen an dem Einerlei

Briefe an Väter

Lieber Gott,

hör zu – als ich groß, dünn und achtzehn war, verließ ich mein Zuhause in Tunbridge Wells, um einen Schauspielkurs in Bristol zu machen. Während meines ersten Semesters war ich schrecklich einsam, verloren und unorganisiert, und du schienst mir nicht sehr zu helfen. Weißt du noch, wie ich immer in meinem Zimmer auf dem Bett lag und dich anflehte, etwas zu sagen oder leibhaftig zu erscheinen oder überhaupt irgend etwas zu tun, damit ich merkte, daß du noch bei mir warst?
Manchmal weinte ich, Gott. Hörst du mich – ich *weinte.*

Ich setzte mich an meinen kleinen, wackeligen Tisch und schrieb einen Brief an meinen Vater, in dem ich all die Dinge sagte, von denen ich meinte, daß er sie gern von seinem Sohn hören würde – dankte ihm für seine Hilfe und seinen Rat und so weiter. Ich kann dir nicht einmal annähernd sagen, wie schwer es mir fiel, diese Worte zu Papier zu bringen, und heute wird mir klar, warum es so entsetzlich schwierig war. Es lag daran, daß das, was ich da schrieb, im großen und ganzen nicht stimmte.

Warum habe ich mich darauf spezialisiert, Vaterfiguren zu verteidigen? Ich weiß es nicht. Sag du es mir.
Hör zu, ich möchte etwas sagen. Jetzt, wo ich zwar immer noch groß, aber übergewichtig und fünfzig Jahre alt bin, möchte ich diesen Brief

schreiben – einen ehrlicheren Brief. Diesmal ist er an dich gerichtet, meinen himmlischen Vater, um dir zu sagen, daß ich es heute ein wenig besser verstehe. Weißt du, inzwischen habe ich selbst Kinder, so daß ich wenigstens einen kleinen Einblick in das Gewicht der Vaterschaft habe. Ich liebe meine vier Kinder, und es hat mir immer sehr weh getan, wenn sie mich verwirrt und vorwurfsvoll angesehen haben, weil ich aus Gründen, die sie nicht begreifen konnten, etwas Unangenehmes getan oder zugelassen habe.
Ich möchte in der Lage sein, meinem irdischen Vater zu vergeben und mit der Erinnerung an ihn Frieden zu schließen.
Die Menge rief »Kreuzige ihn!«, als dein Sohn vorgeführt wurde, und du mußtest es geschehen lassen.
Danke, daß du es geschehen ließest.

Herzlichst, dein Adrian

Was Christus für uns getan hat

Alles im Himmel und auf der Erde sollte durch Christus mit Gott wieder versöhnt werden und Frieden mit ihm finden. Das ist geschehen, als er am Kreuz sein Blut vergoß.

Paulus an die Korinther

VII

Es ist vollbracht!

Johannes 19, 30

Es ist vollbracht

Es ist vollbracht.
Vollbracht?
Wirklich?
Ich glaube kaum.

Nicht, solang die sonderbare Frau im Freitagsbus
mir nicht mehr bedeutet als ich mir selbst.

Nicht, solang ich die Botschaft
in deinen schmerzerfüllten Augen nicht verstehe,
daß die, die du geliebt und hiergelassen hast,
damit sie mir mir leben, für mich Aufgabe sind.

Nicht, solang ich nicht aus freien Stücken
mein Säcklein liebgeword'ner Sicherheiten
wie jämmerlich gestreckte Waffen
zu deinen wunden Füßen niederlege.

Nicht, solang das öffentliche und das heimliche Gesicht
meiner angeschlagenen Christlichkeit
einander nicht begegnen
und eins das andere erkennen können.

Nicht, solang ich nicht die Namen
von wenigstens der Hälfte meiner Nachbarn kenne.

Vollbracht?
Nein – ich glaube kaum.
Noch nicht.

Mein Glaubensbekenntnis

Als ich vor einigen Jahren in einer örtlichen Gemeinde sprach, hielt ich ein Puzzlespiel hoch, das ein Freund von mir, der weniger ungeschickte Hände hat als ich, eigens für diesen Anlaß angefertigt hatte. Es hatte die Form eines gewöhnlichen Rechtecks, doch in der Mitte des Puzzles befand sich ein großes, unregelmäßig geformtes Teil, das sich dennoch perfekt in die orthodoxer geformten Teile, die es umgaben, einfügte. Jedes dieser umgebenden Teile hatte selbst ein wenig unregelmäßig werden müssen, wenn auch nur an einer Seite. Ich wollte damit für das Akzeptieren und Tolerieren individueller Unterschiede zwischen den Mitgliedern einer Gemeinde werben und zum Ausdruck bringen, daß der dogmatische Rahmen unseres Glaubens durchaus in der Lage ist, Leute so zu halten und einzubeziehen, wie sie sind, und nicht so, wie sie sein sollten.
Zum Glück erlaubt uns Gott, so zu sein, wie wir sind, und versetzt uns in die Lage, uns dem anzunähern, wie wir sein sollten. Wir können ihm gegenüber ehrlich sein, was die Form unseres Glaubens angeht, selbst wenn er im Augenblick ein wenig unregelmäßig zu sein scheint.

Mein Glaube fügt sich nicht in Worte.
Wie formuliert man Qual, Erregung, Freude, Trauer,
Erstaunen, Zorn, Unglaube und Gewißheit?
Wie dekliniert man jene wachen Nächte?
Wer war das Subjekt, wer das Objekt

eines Freundes, der nicht kommen will oder nicht kommt
und der dann seine eigne Morgensonne strahlen läßt,
blendendes Licht, das doch nicht blendet?
Warum finde ich dich an dunklen Plätzen ohne Worte,
wo ich mich zu verbergen suche vor deiner ewigen Stimme?
Ich hasse, liebe, vermisse, brauche dich, wünsche, du würdest geh'n.
Und doch weiß ich, daß du vor langer Zeit ein Märchen für mich
schriebst,
über den Tag, an dem du einst dein Schwert ergreifen wirst
und dir den Weg bahnst durch das Dickicht,
das um mich gewachsen ist.
Mit deinem Kuß weckst du die Schlafende,
die auf den Prinzen wartet.
Ich wache auf und seh' in deine Augen und verstehe,
und dann zum ersten Mal bleib' ich nicht stumm
und kleide meinen Glauben in Worte.

Quellen

Seite 3-6, 46-47 aus *O Herr, laß mich (k)ein Kohlkopf sein*

Seite 10-11, 34-35 aus *Stürmische Zeiten*

Seite 16-17 aus *Lernen, wie man fliegt*

Seite 22-23, 40-41 aus *Gesprengte Mauern*

Seite 29-30 aus *Ansichten aus Wolkenkuckucksheim*

Über die Autoren

Adrian Plass gehört zu den erfolgreichsten christlichen Autoren der Gegenwart. Neben seinen humorvollen und von entwaffnender Ehrlichkeit gekennzeichneten Büchern sind vor allem seine einfühlsamen Bibelauslegungen und Andachten bei seinen Leserinnen und Lesern besonders beliebt. Neben seiner Tätigkeit als Buchautor ist er auch als Redner weltweit gefragt. Er lebt mit seiner Familie in Südengland.

Ben Ecclestone ist Maler und Illustrator. Seit vielen Jahren ist er mit der »Arts Centre Group« verbunden, deren Anliegen es ist, Christen zu unterstützen, die professionell in den Bereichen Kunst, Medien und Unterhaltung arbeiten. Er lebt in Eastbourne (Südengland).